... quando foi assaltado por bandidos.

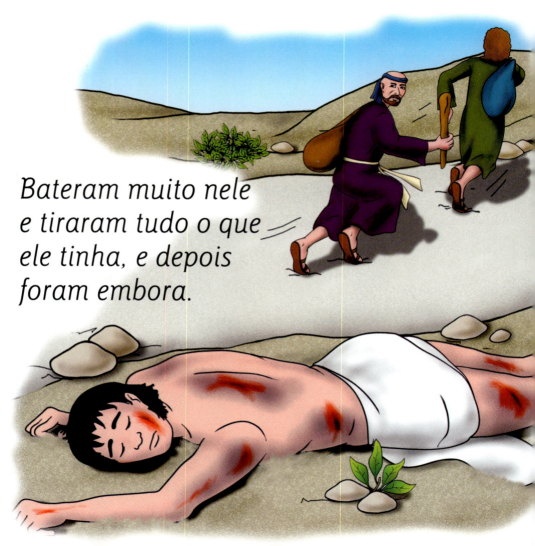

Aproximou-se e tratou-lhe as feridas.

Depois o vestiu e, colocando-o em cima de seu jumento,...

No dia seguinte, deu dinheiro ao dono da pensão, dizendo:

Cuide dele e, aquilo que gastar a mais, eu lhe pagarei quando voltar.

Leia a parábola do bom samaritano em Lucas, capítulo 10, versículos de 30 a 35.

Jesus é o "bom samaritano", que tem compaixão da pessoa ferida e a socorre.

Cada um de nós deve se comportar como o "samaritano", lembrando que somos todos irmãos e devemos nos ajudar mutuamente.

Frequentemente, no entanto, acontece de fazermos como o sacerdote ou o levita, que ficaram indiferentes diante daquele homem em dificuldade e passaram adiante.

Às vezes, basta até um simples sorriso ou uma palavra afetuosa para ajudar o outro.

Jesus nos convida a seguir o exemplo do samaritano, dizendo-nos: "Vá, e também faça a mesma coisa!".

Vamos aprender brincando

Jesus diz que todos somos irmãos e devemos querer bem uns aos outros; mas ele usa uma outra palavra para nos indicar a pessoa que está perto de nós e que deve ser amada. Qual é?

Para descobrir, escreva nos círculos correspondentes os antônimos das palavras a seguir. A solução está na coluna destacada em azul.

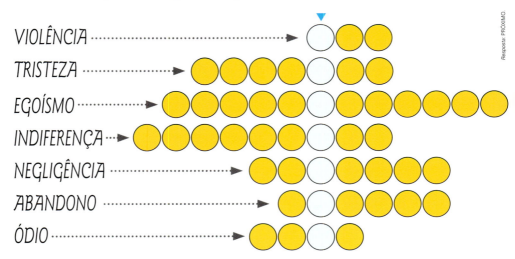

VIOLÊNCIA
TRISTEZA
EGOÍSMO
INDIFERENÇA
NEGLIGÊNCIA
ABANDONO
ÓDIO

Antônimos: PAZ – ALEGRIA – COMPAIXÃO – GENEROSIDADE – CUIDADO – AMOR – AMPARO

Resposta: PRÓXIMO.

Quais são os personagens desta parábola?

Utilizando as letras que estão no quadro e escrevendo-as nos quadrinhos correspondentes, componha os nomes dos personagens da parábola.

L V I E T A
S A E C R T E D O
S A M R A I T N A O
B N A D I O S D

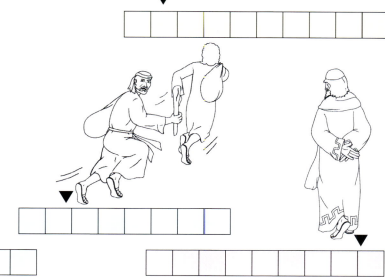

Resposta: LEVITA, BANDIDOS, SACERDOTE, SAMARITANO

Em quais ocasiões você foi também "bom samaritano"?

Escreva, na coluna da esquerda, o nome das pessoas que você ajudou e, na coluna da direita, o quê você fez.

AJUDEI...   A...